17 Mai 1907

marqué PN

VENTE

Du Vendredi 17 Mai 1907

HOTEL DROUOT, SALLE N° 1

A QUATRE HEURES

CINQ TAPISSERIES FLAMANDES

DU XVII° SIÈCLE

Appartenant à M. F. B...

CINQ TAPISSERIES FLAMANDES

D'ÉPOQUE RENAISSANCE ET XVII° SIÈCLE

Appartenant à M. X...

Ameublement de Salon d'Époque Louis XVI

EN ANCIENNE TAPISSERIE D'AUBUSSON

Appartenant à M. de L...

COMMISSAIRE-PRISEUR

M° F. LAIR-DUBREUIL

EXPERTS

MM. PAULME & B. LASQUIN fils

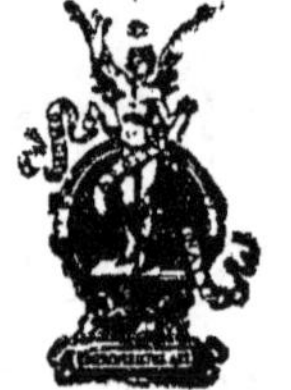

CATALOGUE

DES

Cinq Tapisseries Flamandes

DU XVIIᵉ SIÈCLE

DONT

UNE SUITE DE DEUX TAPISSERIES A SCÈNES D'ÉQUITATION

ATELIER DE PEETERS WAUTERS

ET

UNE SUITE DE TROIS TAPISSERIES DE BRUXELLES

A Sujets de Chasses

ATELIER DE F. RAES

Appartenant à M. F. B...

CINQ TAPISSERIES FLAMANDES

D'Époque Renaissance et XVIIᵉ Siècle

DONT

UNE SUITE DE TROIS TAPISSERIES RENAISSANCE

A Sujets tirés de l'Histoire d'Alexandre

Appartenant à M. X...

Ameublement de Salon d'Époque Louis XVI

EN ANCIENNE TAPISSERIE D'AUBUSSON

Appartenant à M. de L...

ET DONT LA VENTE AUX ENCHÈRES PUBLIQUES AURA LIEU

HOTEL DROUOT, SALLE Nᵒ 1

Le Vendredi 17 Mai 1907

à quatre heures

<table>
<tr><td>COMMISSAIRE-PRISEUR</td><td>EXPERTS</td></tr>
<tr><td>Mᵉ F. LAIR-DUBREUIL</td><td>MM. PAULME & B. LASQUIN FILS</td></tr>
<tr><td>6, rue Favart</td><td>10, rue Chauchat | 12, rue Laffitte</td></tr>
</table>

EXPOSITIONS

PARTICULIÈRE : *Le Jeudi 16 Mai 1907, de 2 heures à 6 heures.*

PUBLIQUE : *Le Vendredi 17 Mai 1907 (jour de la Vente), de 2 heures à 4 heures.*

CONDITIONS DE LA VENTE

Elle sera faite au comptant.

Les adjudicataires paieront *dix pour cent* en sus des en-chères.

Paris. — Imp. de l'Art, CH. BERGER et Cie, 11, rue de la Victoire.

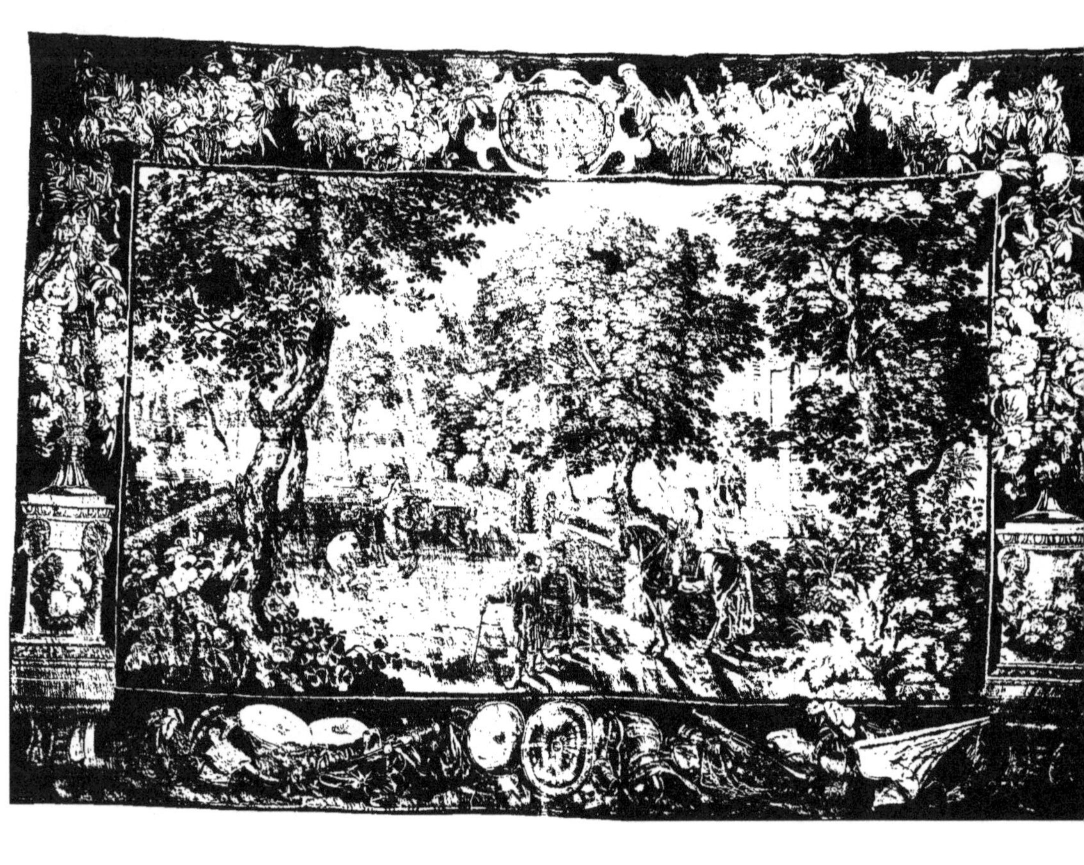

DÉSIGNATION

CINQ TAPISSERIES FLAMANDES
DU XVIIᵉ SIÈCLE

Appartenant à M. F. B...

Sᴜɪᴛᴇ de deux tapisseries flamandes du xvɪɪᵉ siècle ; atelier de *Peeters Wauters* représentant :

1 — *La Leçon d'Équitation*.

Dans un enclos de verdure, au milieu d'un parc, un jeune seigneur à cheval exécute un exercice équestre au commandement d'un cavalier qui lui fait face.

Deux personnages vêtus à la turque s'intéressent à la leçon.

Large bordure à fûts de colonnes guirlandes de fleurs et de fruits ; dans le bas, des trophées guerriers.

Haut., 4 mètres ; larg., 5 m. 60 cent.

2 — *Le Trot.*

A droite, un cavalier au trot se dirige vers un couple de personnages qu'on aperçoit à l'entrée d'un bosquet.

Au centre, une pièce d'eau au milieu d'un parc animé de figures.

Large bordure à fûts de colonnes, guirlandes de fleurs et de fruits ; dans le bas, des trophées guerriers.

Haut., 4 mètres; larg., 4 m. 45 cent.

Suite de trois tapisseries de Bruxelles du xvıı^e siècle, atelier de *F. Raes* représentant des sujets de chasse ; larges bordures à rinceaux, guirlandes de fruits, écussons et volatiles.

3 — *La Chasse au Cerf.*

Au premier plan, à droite, un gentilhomme à cheval tient un bâton de commandement ; au milieu, un cavalier perce de son épée le cerf qui vient d'être forcé. A gauche, des piqueurs retiennent les chiens qui se préparent à la curée.

Haut., 3 m. 40 cent. ; larg., 3 m. 85 cent.

4 — *La Chasse au Loup.*

A gauche, deux cavaliers attaquent un loup arrêté par la meute ; à droite, un piqueur retient un chien qui veut prendre part à la lutte.

Haut., 3 m. 30 cent.; larg., 3 m. 45 cent.

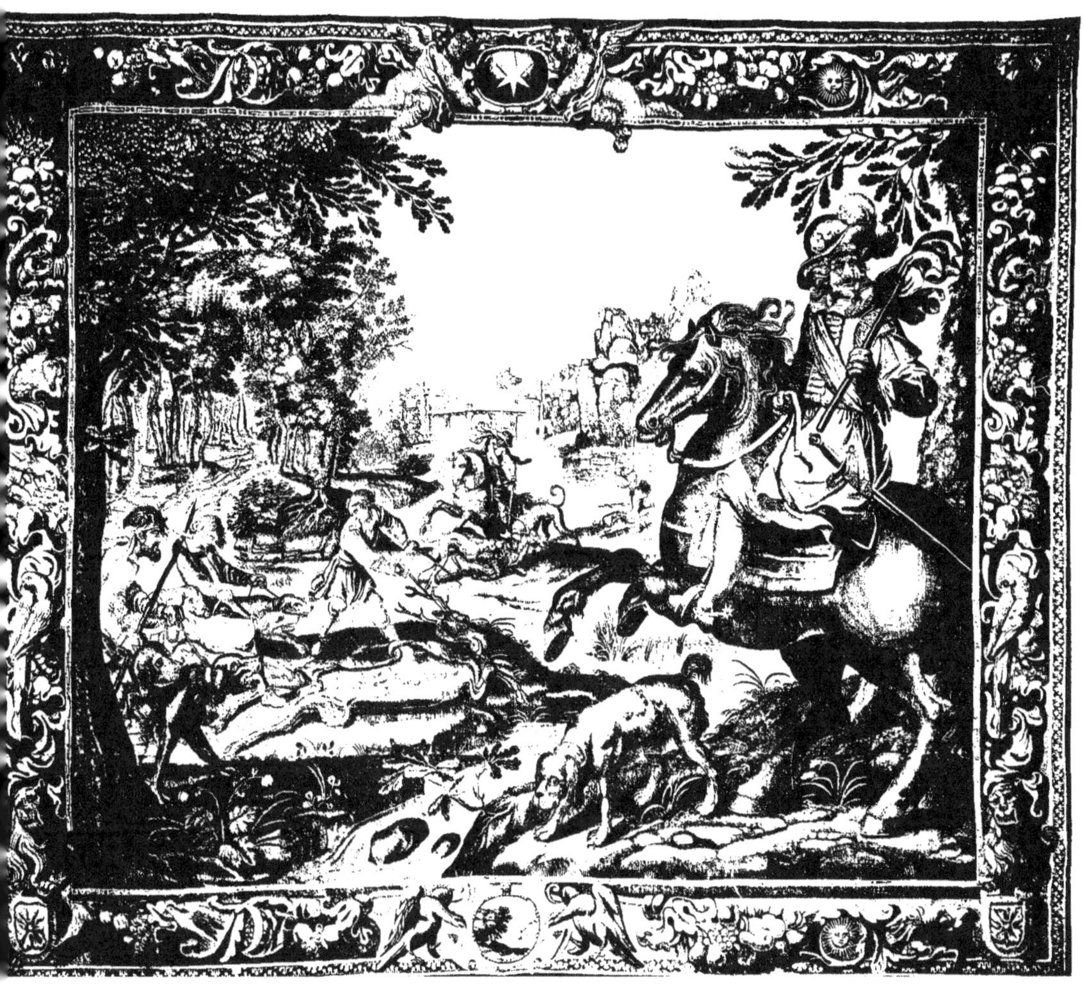

5 — *La Chasse au Tigre.*

> Deux cavaliers au galop vont percer de leur lance le tigre déjà blessé.
>
> Haut., 3 m. 35 cent.; larg., 2 m. 90 cent.

CINQ TAPISSERIES FLAMANDES

D'ÉPOQUE

RENAISSANCE ET XVIIe SIÈCLE

Appartenant à M. X...

6 à 8 — SUITE de trois tapisseries flamandes du temps de la Renaissance, à sujets tirés de l'*Histoire d'Alexandre*.

> Encadrement de bordures à rinceaux, feuillages, figures, gaines, etc , entre deux petites bandes à entrelacs. Dans le milieu de la bordure supérieure, cartel avec inscription.
>
> Haut., 3 m. 40 cent.; 3 m. 25 cent.
> Larg., 3 m. 85 cent.; 5 m. 15.

9 — TAPISSERIE flamande du temps de la Renaissance, représentant un épisode du Nouveau Testament : *Le Christ et saint Pierre.*

> Encadrement à arabesques et compartiments à figures allégoriques; guirlandes et chutes de fleurs et fruits.
>
> Haut., 3 m. 10 cent.; larg., 3 m. 50 cent.

10 — TAPISSERIE de Bruxelles du XVIIe siècle, représentant, dans un paysage, un animal chimérique.

> Encadrement de bordure à rinceaux en grisaille, avec médaillons aux angles. Marque de Bruxelles en bas à gauche ; marque d'atelier sur la lisière de droite.
>
> Haut., 4 m. 60 cent. ; larg., 3 m. 20 cent.

MEUBLE DE SALON D'ÉPOQUE LOUIS XVI

EN ANCIENNE TAPISSERIE D'AUBUSSON

Appartenant à M. de L...

11 — AMEUBLEMENT de salon d'époque Louis XVI en bois laqué blanc avec parties dorées, recouvert en ancienne tapisserie d'Aubusson, composé de : deux canapés, deux bergères, six fauteuils et deux écrans.

> Les dossiers des canapés présentent au centre un bouquet de fleurs entre deux volutes se terminant en rinceaux auxquels sont rattachés les attributs de l'amour. Les sièges sont à grands rinceaux fleuris reliés par un vase de fleurs. Contrefonds bleu clair.
>
> Les autres sièges et les écrans présentent des bouquets, des guirlandes de fleurs et de fruits.

N° 11

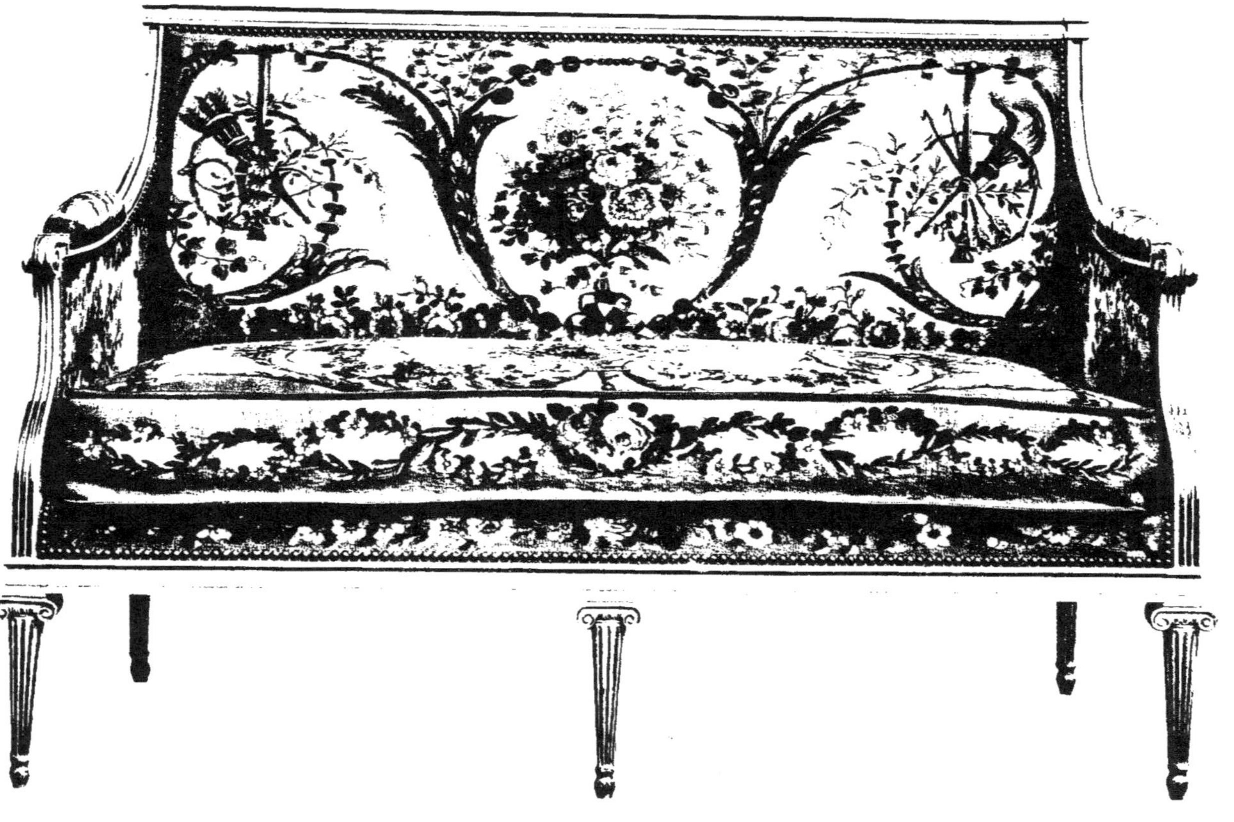

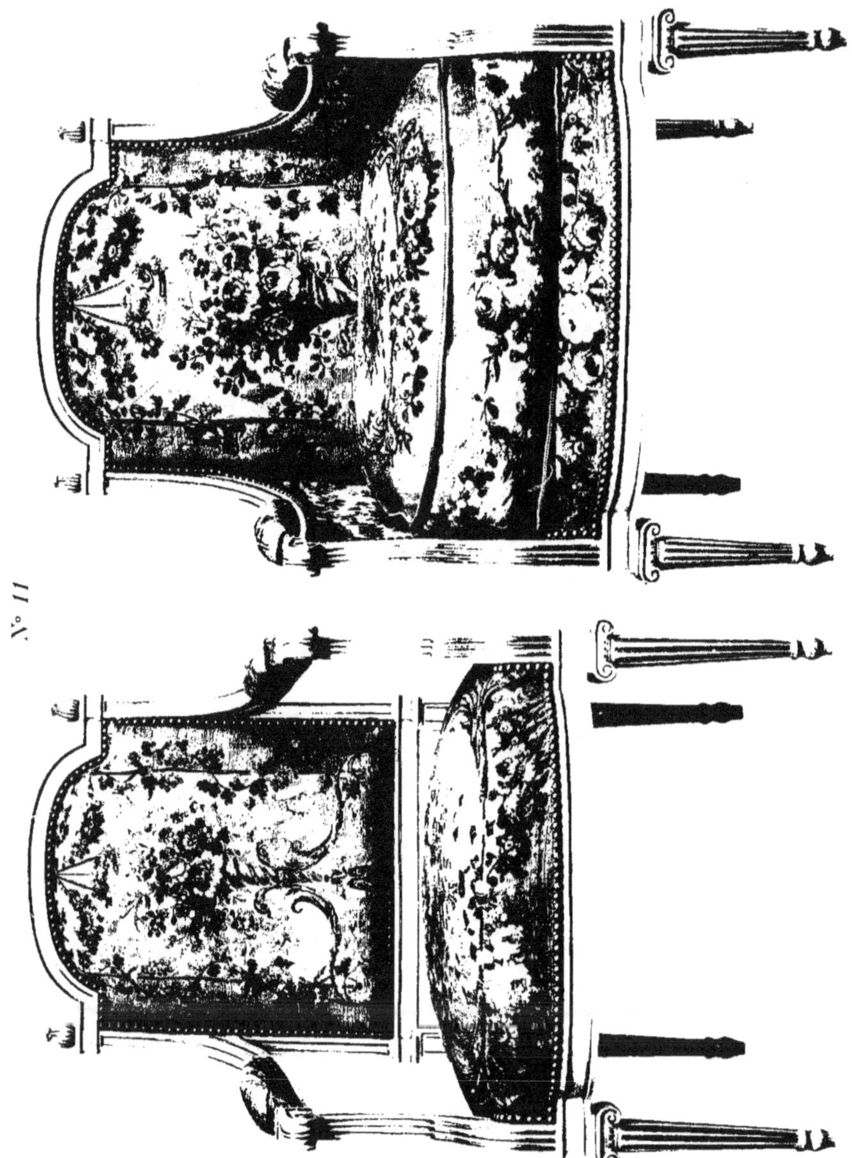
N° 11